Primario Básico del Taíno-Borikenaíki

Hacia la restauración del idioma ancestral de Borikén

Por Javier A. Hernández

Editorial LIBROS El Telégrafo

Copyright © 2018 Editorial Libros El Telégrafo | LibrosElTelegrafo@gmail.com

ESPAÑOL

ENGLISH

Primera Edición

Dedicatoria

Dedico esta obra a la Nación Puertorriqueña, al Cacique Agüeybaná II y al Pueblo Taíno quienes son las causas que me motivaron a realizar este libro; a mi esposa Jessica y a mis hijos, quien me apoyaron en todo momento; a mis padres, Rubén y Daisy, quienes siempre me apoyaron y quienes se sacrificaron para darme una educación completa y puertorriqueña; a mis maestros, especialmente María Denham; a la Dra. Yarey Meléndez, el Sr. Miner Solá y Jesús Omar Rivera, quienes me inspiraron a la realización de este proyecto; a quienes me ayudaron a conseguir los materiales y recursos; a mi primo patriota y políglota Yosiat quien soportó horas y horas de consultas; y en general a todos los que de alguna manera me ayudaron a lo largo de estos años para que yo pudiera trabajar esta obra importante; a quienes me proporcionaron lo necesario para realizar los estudios relacionados a este trabajo que hoy presento a Puerto Rico y al mundo, a todos ellos les dedico este libro.

Introducción

¿Qué es el taíno-borikenaíki?

El **taíno-borikenaíki** como lengua hablada fue recuperado por el movimiento cultural taíno a principios del siglo XXI, gracias al trabajo de, entre otros, la Comunidad Taína de Naguaké (Puerto Rico), otros grupos taínos y ésta obra de Javier A. Hernández, para servir de lengua cultural de la Comunidad Taína de Puerto Rico y como patrimonio de toda la nación puertorriqueña. El término **"Borikenaíki"** (idioma de Borikén o idioma borincano) se forma por la unión de los vocablos "Borikén" (de Puerto Rico/Borikén) y "Naíki" (idioma).

A consecuencia de la Conquista Española, las guerras contra los indígenas y la implantación del sistema colonial en Borikén, la mayoría de hablantes del idioma taíno fué progresivamente desapareciendo a estos morir por batalla y enfermedad o asimilándose a la nueva sociedad hispanohablante puertorriqueña, aunque muchos perduraron siglos viviendo en las montañas. Aunque la cultura y genética taína perdura en nuesta sangre y en nuestro espíritu nacional y cultural puertorriqueño, el idioma taíno, como lengua hablada por una comunidad, era ya una lengua muerta, aun cuando el español puertorriqueño esta repleto de cientos de vocablos taínos.

En las últimas décadas, varios grupos y organizaciones culturales taínas han hecho un gran trabajo en restaurar la cultura, preservar y usar los cientos de vocablos taínos que perduraron los siglos, especialmente de uso cultural, litúrgico y académico. Este Proyecto de renacimiento del idioma taíno toma en cuenta y se nutre de todos los trabajos de preservación lingüística hechos por tales grupos y organizaciones culturales taínas. A ellos, gracias.

¿Por qué restaurar el idioma taíno?

El renacimiento del taíno como lengua materna de una comunidad puertorriqueña ha sido no solamente el sueño de muchos, sino una forma de honrar y agradecer a nuestros antepasados indígenas por sus sacrificios por nuestra Patria. Es una forma de reconocerlos y restaurar este bello idioma en la tierra que la vio nacer, como patrimonio de todos los hijos e hijas de Borikén.

¿Cómo se restauró el idioma taíno?

Este renacimiento del idioma taíno, fundamentado en los cientos de vocablos taínos primordiales preservados por los cronistas españoles y estudiosos puertorriqueños, fue acompañado de una notable influencia de varias lenguas arauákas y caribeñas como el propio arauáka, el caribe, el garífuna, el lokono y particularmente el wayuunaiki (idioma arauáka-maipurena que se habla hoy en dia entre 400,000 personas en la región Wayuu de la península Guajira de Colombia y Venezuela en el Mar Caribe).

Como el wayuunaiki es el idioma arauáko con más hablantes en el presente y relacionado lingüísticamente con el taíno, este Proyecto utilizó un gran número de vocablos wayuunaiki del diccionario wayuunaiki-español (creado por el Centro Etnoeducativo Kamusuchiwo'u) para fusionarlos con vocablos taínos para facilitar la creación de nuevos vocablos del taíno-borikenaíki. Este proceso, como se puede imaginar, tomó varios años.

El pueblo garífuna, oriundos de la isla caribeña de Dominica, pero ahora también residen en la region litoral e insular de Guatemala y Honduras, todavía hablan su idioma garífuna (de origen arauáka como el taíno), aunque muchos ya son bilingüe (garífuna-español). Varios vocablos garífuna lograron formar parte de los vocablos y gramática del taíno-borikenaíki.

Al restaurar el idioma taíno en una versión moderna, se fusionó cientos de vocablos taínos y caribeños y se gestionó una nueva gramática taína y caribeña que fuese fácil de aprender, enseñar y utilizar en el diario vivir, pero a la vez dejando mucho espacio para seguir creciendo y expandiendo su léxico. Los idiomas arauáka y wayuunaiki son para el idioma taíno lo que son los idiomas latín y portugués para el español.

Para poder explicar mejor este proceso de restauración lingüística, existe el ejemplo del hebreo moderno (utilizado como idioma oficial en el Estado de Israel) que fue creado por Eliezer Ben-Yehuda con la fusión del hebreo bíblico y miles de vocablos europeos, árabes e yiddish, entre otros.

También, imagínese si el idioma español desapareciera de la faz de la tierra (guerra, enfermedad, etc.) y solo existiera cientos de vocablos en español y una sencilla gramática de lo que era el español. Para poder restaurar el idioma español luego de siglos sin utilizarlo, se tendría que utilizar los restantes vocablos españoles y miles de vocablos y gramática de idiomas hermanos de español (como son el catalán, el francés, el italiano, el portugués y el propio latín). Claro, no será exactamente el mismo español de antes, pero será un Nuevo Español que futuras generaciones podrán usar y disfrutar.

Este Proyecto no aspira a resconstruir el idioma taíno puro de la época del 1500 ya que con el paso del tiempo, eso es practicamente imposible. Lo que éste Proyecto aspira es la restauración del idioma taíno como "idioma vivo y reconstruido" por boricuas con elementos del propio idioma taíno y elementos (vocablos y gramáticas) de idiomas hermanos del idioma taíno, como lo son el arauáka, el caribe, el garífuna, el lokono y el wayuunaiki. Ciertos vocablos modernos relacionados con la época moderna y la tecnología conservaron sus origenes europeos, pero fueron "tainonizados".

¿Quién escribió este primario del Idioma Taíno?

Me llamo Javier A. Hernández. Soy un lingüista, hiperpolíglota, patriota y padre puertorriqueño. Soy el autor de este primario del renacimiento y la reimplantación de la lengua taína-arauáka moderna como lengua hablada y escrita en los tiempos modernos por la comunidad taína y el pueblo puertorriqueño. A lo largo de este proyecto, mi lema sobre el idioma taíno fue "¡*Boríkua ajíya Borikenaíki*! (¡Boricua habla Borikenaíki!)."

Yo nací en San Juan de Puerto Rico y me crié entre Puerto Rico y la diáspora puertorriqueña (Nueva York, Nueva Jersey y la Florida). Desde temprana edad, yo era bilingüe (español-inglés) y mostré interés en idiomas y culturas del mundo. Durante mis años de escuela superior en Nueva Jersey, aprendí mucho más sobre la historia puertorriqueña, los tainos y los próceres, lo que ayudó a fomentar el orgullo nacional y mi amor a Puerto Rico. Al finalizar la escuela superior, ya había aprendido francés, italiano y portugués. Durante mis años de universidad y vida profesional, estudié alemán, catalán, occitano, interlingua, hebreo, árabe, latín, birmano y chino mandarino y obtuve grados universitarios en política, diplomática, comunicaciones, educación y estudios lingüísticos.

Durante un viaje familiar a Puerto Rico cuando joven, comenzé a estudiar los vocablos taínos del *Diccionario Taino Ilustrado*, por Edwin Miner Solá. Luego, inspirado por esta obra, empecé a escribir un borrador para un primario gramático para el idioma taíno, pero por razones de la vida y trabajo, archivé el borrador en 2003. No fue hasta el 2013 que me comuniqué con la Dra. Yarey Meléndez de la Comunidad Taína de Naguaké en Puerto Rico y recomienzo mi trabajo del primario. Luego de hacerme una prueba genética que confirmó un 8.2% de genética indígena taína, me comprometí aun más con este Proyecto y así honrar a mis antepasados taínos.

En 2017, luego de varios meses de trabajos lingüísticos y reconstrucción gramática taína, finalicé los trabajos del primario. También tuve el honor de traducir nuestro hermoso himno nacional *"La Borinqueña"* al taíno-borikenaíki, conocido como el *"Borikén'ât Aréytoarát."*

Como boricua, siempre intento convencer a la gente de que es posible y práctico revitalizar el taíno-borikenaíki y volverlo a emplear como lengua hablada, junto con el español, en Puerto Rico y en la diáspora y que un renacimiento del idioma taíno en Puerto Rico promovería la unión de grupos taínos y la nación puertorriqueña, el interés a la cultura taína y puertorriqueña y el amor a Puerto Rico. Mientras que al principio muchos consideraron este trabajo utópico, yo sé la importancia histórica para Puerto Rico de contar con una lengua común y ancestral taína para el desarrollo cultural e histórico de la nación puertorriqueña. Con este Proyecto, estamos retomando nuestro pasado y futuro como nación.

Como próximos pasos, trabajaré con organizaciones taínas para fundar un Comité de la Lengua Taíno-Borikenaíki, que más tarde pasaría a ser la Academia del Idioma Taíno-Borikenaíki, para regular el idioma y facilitar la creación de nuevos vocablos necesarios y un futuro diccionario Español/Taíno-Borikenaíki para uso general y académico.

Ideas para fomentar el idioma taíno-borikenaíki

Para fomenter el aprendizaje, uso, vernaculalización y oficialización del idioma taíno-borikenaíki entre el pueblo puertorriqueño, sugiero lo siguiente:

1. Leer y estudiar éste primario.

2. Empezar a emplear las frases básicas y saludos en su vida diaria.

3. Aprender junto con otra persona o con un grupo de conversación.

4. Empezar a crear, escribir y leer oraciones básicas sobre uno mismo, su familia, su vida, su escuela, su mundo y Puerto Rico.

5. Empezar a crear rótulos bilingües para uso personal y oficial en escuelas, casas y oficinas.

6. Crear canciones y actividades donde cada alumno participa en cantar y crear oraciones nuevas.

7. Crear canciones y escribir artículos, poemas e historias en el idioma.

8. Crear un programa de radio que utilice y enseñe el idioma.

9. Crear talleres y cursos para jóvenes y adultos de taíno-borikenaíki básico conversacional, intermedio, avanzado y para trabajos y eventos específicos.

10. Fundar una editorial para crear, publicar y vender libros, boletines y otros textos en taíno-borikenaíki.

11. Lograr que se enseñe el taíno-borikenaíki en las escuelas públicas y las universidades como un curso electivo.

12. Pronunciar discursos en el idioma en las plazas públicas.

13. Luchar y procurar que el idioma taíno-borikenaíki se declare y adopte como "idioma nacional indígena" de Puerto Rico por la Asamblea Legislativa y/o se declare "idioma cultural indígena" de los municipios, especialmente los municipios donde esta la Comunidad Taína de Naguaké y otras comunidades tainas en Puerto Rico y la diáspora.

14. La Academia del Idioma Taíno-Borikenaíki podria crear un Comité de Tecnología que fomentaria el idioma taíno-borikenaíki en las redes cibernéticas y la elaboración de páginas en Wikipedia en taíno-borikenaíki.

15. La Academia del Idioma Taíno-Borikenaíki, para darle un estatus oficial a nivel internacional, tendria que registar el idioma en Omniglot.com, procurar un código lingüístico (serie ISO 639-3) de la Organización Internacional de Estándares (ISO) y al centro de datos bibliográficos lingüísticos Glottolog, con sede en Alemania.

16. La Academia del Idioma Taíno-Borikenaíki podria colaborar con Microsoft y Apple (como ya hicieron los wayuu) para elaborar un nuevo diccionario de términos tecnológicos.

LECCION 1

Alfabeto

Vocales: A E I O U

Consonantes: B D F G H J K L M N P R S T W X Y Z

Sílabas Especiales:
- Ñ= NY
- H solo se usa en SH
- CH=X (al final de una palabra, X=EKS)

Saludos y frases básicas

Tau Guaitiáo: Hola amigos
Tai Guaitiáo: Buen amigo
Taigüey: Buenos días (saludo común)
Takáji: Buenas tardes
Taikarayá: Buenas noches
Taino-ti: Que Dios esté contigo
Bo-matúm: Gracias
Bo-guatukán: Bendiciones
Jan-Jan: Sí
Uá: No
Takáji-guatukán: Bienvenidos
Mabríka: Bienvenidos

LECCION 2

Gramática básica del Borikenaíki

A) Sustantivos y artículos

En Borikenaíki, no hay artículos determinados de género (el y la), pero hay un artículo indeterminado (un y una), jek. Los sustantivos no se clasifican por género. Por ejemplo, Cokí (el Coquí) puede ser un coquí masculino o femenino. Para indicar género y número (singular y plural), se le añade al final del sustantivo un sufijo determinativo:

-kio (masculino)
-xe (femenino) Se pronuncia "che"
-nagu (plural)

Ejemplos:

1. **Cokí** (el/la coquí, puede ser masculino o femenino)
2. **Jek cokí** (un coquí, puede ser masculino o femenino)
3. **Jek cokíkio** (un coquí masculino)
4. **Jek cokíxe** (una coquí femenina)
5. **Cokínagu** (varios coquíes)
6. **Yamoká cokínagu** (2 coquíes)
7. **Yamoká cokikiónagu** (2 coquíes machos)
8. **Yamoká cokixénagu** (2 coquíes hembras)

B) Los pronombres personales

En Borikenaíki, como en otros idiomas arauákos, los pronombres personales son específicos y esenciales en el uso de verbos.

Los pronombres personales son:

Dak (yo)	**Guak** (nosotros)
Buk (tú)	**Juk** (ustedes)
Lik (él)	**Nak** (ellos)
Tuk (ella)	**Jak** (ellas)
Guajotík (usted)	**Najak** (grupo mixto m/f)

LECCION 3

C) Verbos y conjugaciones

Cuando se une un pronombre personal con un verbo, el pronombre personal llevará una apostrofe ('), por ejemplo: **Dak'**

Cuando se usa un verbo, el pronombre personal se une al frente del verbo. En Borikenaíki, los verbos se conjugan al unirlos con los pronombres personales. Un verbo, como tal, nunca cambiará de forma al conjugarse.

Por ejemplo, el verbo **"matúm"** (compartir) se conjuga de la siguiente manera:

1. **Dak'matúm** - yo comparto
2. **Buk'matúm** - tú compartes
3. **Lik'matúm** - él comparte
4. **Tuk'matúm** - ella comparte
5. **Guajotík'matúm** - usted comparte
6. **Guak'matúm** - nosotros compartimos
7. **Juk'matúm** - ustedes comparten
8. **Nak'matúm** - ellos comparten
9. **Jak'matúm** - ellas comparten
10. **Najak'matúm** - ellos/ellas comparten

LECCION 4

D) Negación (mat')
En Borikenaíki, la negación se representa con el prefijo **mat'**, antes del verbo. Por ejemplo:

1. Dak'matúm / **Dak' mat'matúm** (yo no comparto)

2. Buk'matúm / **Buk' mat'matúm** (tú no compartes)

3. José matúm /**José mat'matúm** (José no comparte)

LECCION 5

E) Tiempos del verbo (shi, itpá, iná)
En Borikenaíki, para representar el tiempo del verbo (su estado temporal), uno solo le añade un sufijo temporal al verbo:

-shi (progresivo)
-itpá (pasado)
-iná (futuro)

Por ejemplo, con el verbo matúm:

Dak'matúm (presente): yo comparto
Dak'matúm-shi (progresivo): yo estoy compartiendo
Dak'matúm-itpá (pasado): yo compartí
Dak'matúm-iná (futuro): yo compartiré

LECCION 6

F) Los verbos esenciales y sus conjugaciones temporales

Toká (ser/estar) - Se usa para unir a un sustantivo con otro sustantivo o una carasterística permanente o temporera.

1. Dak'toká (yo soy/estoy)
2. Dak'toká-shi (estando)
3. Dak'toká-itpá (yo era/estaba)
4. Dak'toká-iná (yo seré/estaré)

Ejemplos:

1. Dak'toká tekína.
   (Yo soy un/a maestro/a)

2. Buk'toká-itpá rokótara.
   (Tú era un/a estudiante)

3. Tuk'toká táyno. (Ella es buena)

4. Dak'toká Boríkua.
   (Yo soy Boricua)

Mun (estar a/en)

Cuando uno quiere decir que uno o algo esta en algún sitio (su localización), se usa la proposición **"mun"**, que significa "estar a/en" algún lugar.

Ejemplos:

1. Dak mun Borikén.
(Yo estoy en Borikén).
2. Dak mun aní. (Yo estoy aquí)
3. Lik mun yará (El esta allá)

4. Sanwán mun Borikén. (San Juan esta en Borikén)
5. Dak mun bojarák. (Yo estoy en casa)
6. Yamúy mun butáka okóna.
   (El gato esta sobre el sofá)

Ibá (ir)

1. Dak'ibá (yo voy)
2. Dak'ibá-shi (yendo)
3. Dak'ibá-itpá (yo fuí)
4. Dak'ibá-iná (yo iré)

Ejemplos:

1. Dak'ibá bojarák. (Yo voy a casa)

2. Dak'ibá-iná Borikén. (Yo iré a Borikén)

LECCION 7

Agáma (tener) - Se usa cuando un sustantivo tiene un objeto.

1. Dak'agáma (yo tengo)
2. Dak'agáma-shi (teniendo)
3. Dak'agáma-itpá (yo tenia)
4. Dak'agáma-iná (yo tendré)

Ejemplos:

1. Dak'agáma jek yamúy. (Yo tengo un gato)

2. Guak'agáma-iná gualí. (Nosotros tendremos niños)

Guaríko (venir) - Se usa este verbo cuando se quiere decir "venir de" algún lugar a otro, física o espiritualmente.

1. Dak'guaríko (yo vengo)
2. Dak'guaríko-shi (veniendo)
3. Dak'guaríko-itpá (yo vine)
4. Dak'guaríko-iná (yo vendré)

Ejemplos:
1. Dak'guaríko Borikén. (Yo vengo de Borikén)

2. María guaríko Espanya. (María viene de España)

LECCION 8

Axéka (querer)
1. Dak'axéka (yo quiero)
2. Dak'axéka-shi (queriendo)
3. Dak'axéka-itpá (yo queria)
4. Dak'axéka-iná (yo querré)

Ejemplos:
1. Dak'axéka jek aón. (Yo quiero un perro)

2. Dak'axéka ibá Borikén. (Yo quiero ir a Borikén)

3. Guak'axéka kafé. (Nosotros queremos café)

Inrá (hacer)
1. Dak'inrá (yo hago)
2. Dak'inrá-shi (haciendo)
3. Dak'inrá-itpá (yo hice)
4. Dak'inrá-iná (yo haré)

Ejemplos:
1. Dak'inrá imá. (Yo hago comida)

2. Guak'inrá kafé (Nosotros haremos café)

Busiká (dar)
1. Dak'busiká (yo doy)
2. Dak'busiká-shi (dando)
3. Dak'busiká-itpá (yo dí)
4. Dak'busiká-iná (yo daré)

Ejemplos:
1. Dak'busiká José jek yamúy. (Yo le doy un gato a José)

2. Lik'busiká-iná María anánagu. (El le dará flores a María)

LECCION 9

G. Posesión

En Borikenaíki, el concepto de "posesión" cuando un sustantivo puede poseer otro sustantivo se forma añadiéndole el sufijo **"-ât"** al sustantivo que posee, seguido por el sustantivo en posesión.

Ejemplo:
Dak'ât aón. (Mi perro) Se le añade -ât a Dak' (yo) para así crear "mi", seguido por el sustantivo que yo poseo (el perro).

Aquí estan los pronombres posesionales del Borikenaíki:

Dak'ât (mi/mio)	**Guak'ât** (nuestro)
Buk'ât (tu/tuyo)	**Juk'ât** (vuestro)
Lik'ât (su/suyo)	**Nak'ât** (sus/suyos)
Tuk'ât (su/suya)	**Jak'ât** (sus/suyas)

Ejemplos:
1. Dak'ât bojarák (mi casa)

2. Buk'ât guaitiao (tú amigo)

3. Lik'ât babá (su padre) el que posee es masculino

4. Tuk'ât buréka (su mesa) la que posee es femenina

5. Guak'ât gualínagu (nuestros niños)

6. Juk'ât aón (vuestro perro)

7. Nak'ât anánagu (flores de ellos)

8. Jak'ât aónagu (perros de ellas)

También, los pronombres personales **Lik** (el) y **Tuk** (ella) se pueden reemplazar por sustantivos, como personas. Por ejemplo:

1. José'ât yamúy (el gato de José)

2. María'ât bojarák (la casa de María)

3. José óta María'ât gualínagu (los niños de José y María)

LECCION 10

Adjetivos y adverbios

En Borikenaíki, los adjetivos y adverbios son fáciles ya que se ponen al seguir los sustantivos y verbos que describen.

Ejemplos:
1. Dak'agáma jek yamúy jeití. (Yo tengo un gato negro)

2. Dak'waraíta kaját. (Yo camino lento)

LECCION 11

Verbos Prácticos e Importantes

Ajíya - Hablar
Guásera - Comprar
Serábusik - Vender
Waraíta - Caminar/Andar
Éka - Comer
Ása - Beber
Bukaneká - Cocinar
Ayawá - Contar
Ró - Amar | Dak'ró Borikén (Yo amo a Borikén)
Aníka - Escoger
Úkaja - Juntar

Vocabulario Taíno-Borinkenaíki

Aón - Perro
Agukát - Dinero (pesos, dólares, euros)
Aná - Flor
Ará - Gente/Pueblo
Bojarák - Casa
Beróni - Vaso/Tasa
Yamúy - Gato
Dujoyabí - Silla
Butáka - Silla/mueble grande
Máyna - Jardín
Tekína - Maestro
Rokótara - Estudiante
Batéy - Plaza
Anúlia - Nombre
Buréka - Mesa
Tajéy – Moneda metálica (pesetas, vellones, centavos)
Guatuburén - Estufa
Jojotoguá - Basura
Barakanóa - Vehículo

Niása - Agua (para beber)
Ní - Agua de río
Baguáni - Agua del mar
Imá - Comida
Gualí - Hijos/Niños
Guaitiaio - Amigo
Alíwaitiao - Amistad
Kafé - Café
Boríkua - Boricua
Aní - Aquí
Yará - Allá
Táyno - Bueno
Sánwan - San Juan
Borikén - Puerto Rico/Borinquen
Aráguaka – Danza
Aréyto – Baile tradicional
Batú – Pelota / Juego de pelota
Xoréto – Abundancia
Kashúla – Grosero
Yaléta – Importante
Karálu – Libro
Anuíki – Palabra
Ayawá – símbolo/señal
Ayawarát – símbolo nacional
Ajápu – tamaño
Akúa – velocidad
Mái – muy
Jámu – hambre
Miyásu – sed
Japúli – vergüenza
Mat'japúli – sinvergüenza
Baná – grandeza

LECCION 12

Las palabras interrogativas

1. ¿Dónde? - **Amaná?**
Amaná María? (Dónde esta María?)

2. ¿Qué? - **Kateí?**
Kateí José axéka? (Qué quiere José?)

3. ¿Quién? - **Jaraí?**
Jaraí Francisco?
(Quién es Francisco?)

4. ¿Por qué? - **Anaké?**
Anaké Lik'agáma jek aón?
(Por qué él tiene un perro?)

5. ¿Cómo? - **Idá?**
Idá Wilfredo'ajíya?
(Cómo habla Wilfredo?)

6. ¿Cuándo? - **Béna?**
Béna Guak'ibá? (Cuándo nos vamos?)

7. ¿Cuál? - **Jarálu?**
Jarálu Jessica'ât barakanóa?
(Cuál es el vehículo de Jessica?)

8. ¿Cuánto? - **Idateketá?**
Idateketá agukát? (Cuánto cuesta?)

LECCION 13

Hay... / No hay...

Yaraká - Hay

Mat'yaraká - No hay

1. **Idateketá cokínagu? Yaraká jek cokí.**
(¿Cuántos coquíes hay? Hay un coquí.)

2. **Idateketá aónagu? Mat'yaraká aónagu.** (¿Cuántos perros hay? No hay perros.)

3. **Idateketá yaraká?** (¿Cuántos hay?)

LECCION 14

Preposiciones y palabras importantes

1. **Alú -** en
2. **Okóna** - sobre
3. **Anaí** - entre
4. **Apuxó** - atrás
5. **Amuní** - para
6. **Mun** - a / estar en
7. **Oría** - de
8. **Unabú** - debajo
9. **Eipó** - al frente de
10. **Útpa** - al lado de
11. **Kojúya** - bastante
12. **Ábo** - con
13. **Mem** - pero
14. **Bájia** - también

15. **Atumá** - por
16. **Mapát** - despues
17. **Gabasí** - alomejor
18. **Jolú** - ahora
19. **Odí** - o
20. **Iklradi** - alrededor
21. **Amúywa** - solamente
22. **Óta** - y
23. **Akúa** - cada

LECCION 15

Los colores – Oánagu

1. Color - **Oána**
2. Rojo - **Íta**
3. Azul - **Gutúsu**
4. Verde - **Kotúro**
5. Amarillo - **Maríyan**
6. Marrón - **Oánake**
7. Naranja - **Guatoána**
8. Morado - **Morádo**
9. Gris - **Jeitiyú**
10. Rosa - **Itayú**
11. Blanco - **Yú**
12. Negro - **Jeití**
13. Multicolor – **Oánaketa**
14. Arcoiris – **Tureyoanáketa**

LECCION 16

Los números – Jekakúnagu

1-jeketí (jek)
2-yamoká (ká)
3-yamokún (kún)
4-yamokóbix (kóbix)
5-yamonkóbre (kóbre)
6-yamonpiruá (piruá)
7-yamonakarát (akarát)
8-yamonmekísa (mekísa)
9-yamonmekí (mekí)
10-pólu (pólu)
11- pólu-jek
12- pólu-ká
13- pólu-kún
14- pólu-kóbix
15- pólu-kóbre
16- pólu-piruá
17- pólu-akarát
18- pólu-mekísa
19- pólu-mekí
20- ká-pólu
21- ká-pólu-jek
22- ká-pólu-ká
23- ká-pólu-kún
24- ká-pólu-kóbix
25- ká-pólu-kóbre
30- kún-pólu
40- kóbix-pólu
50- kóbre-pólu
60- piruá-pólu
70- akarát-pólu
80- mekísa-pólu
90- mekí-pólu
100- páxak
101- páxak-jek
102- páxak-ká
103- páxak-kún

150- páxak-kóbre-pólu
160- páxak-piruá-pólu
200- ká-páxak
300- kún-páxak
500- kóbre-páxak
800- mekísa-páxak
1000- waránka
1500- waránka-kóbre-páxak
1,000,000- júnuk
2,000,000- ká-júnuk
1,000,000,000- bojúnuk

LECCION 17

Los días de la semana – Akarakaí

1. Día - **kaí**
2. Semana - **akarakaí**
3. Lunes - **Kaí-jek**
4. Martes - **Kaí-ká**
5. Miércoles - **Kaí-kún**
6. Jueves - **Kaí-kóbix**
7. Viernes - **Kaí-kóbre**
8. Sábado - **Kaí-piruá**
9. Domingo - **Kaí-akarát**

1. Ayer - **Sokál**
Sokál Kaí-ká (Ayer era martes)

2. Hoy - **Sokaí**
Sokaí Kaí-kún (Hoy es miércoles)

3. Mañana - **Watá**
Watá Kaí-kóbix (Mañana será jueves)

LECCION 18

Los tiempos y horas del día – Jekésawai

1. Amanecer – **Güey-ayálera**
2. La mañana - **Güey-jekexí**
3. El medio día - **Güey-yaléta**
4. La tarde - **Güey-axáka**
5. Atardecer – **Güey-ashakatá**
6. La noche - **Sawaí**

7. ¿Qué hora es? - **Kateí jekésawai?** (Una hora específica del día)

8. Una hora/tiempo - **jekésa**

9. ¿Cuánto tiempo? – **Idateketá jekésa?** (Para duración)

10. Media hora (30 min.) - **aséru**

11. Hay/Son las... - **Yaraká...**

12. Son las 6am. - **Yaraká piruá (6) jekexí.**

13. Son las 6pm. - **Yaraká piruá (6) axáka.**

14. Son las 12pm. - **Yaraká güey-yaléta.** Yaraká pólu-ká yaléta.

15. Son las 6:30am. - **Yaraká piruá-aséru jekexí.**

LECCION 19

Los meses del año - Káshigüey'ât Káshinagu

A. **Káshi** – mes

B. **Káshigüey** – año

1. Enero - **Káshi-jek**

2. Febrero - **Káshi-ká**

3. Marzo - **Káshi-kún**

4. Abril - **Káshi-kóbix**

5. Mayo - **Káshi-kóbre**

6. Junio - **Káshi-piruá**

7. Julio - **Káshi-akarát**

8. Agosto - **Káshi-mekísa**

9. Septiembre - **Káshi-mekí**

10. Octubre - **Káshi-pólu**

11. Noviembre - **Káshi-pólu-jek**

12. Diciembre - **Káshi-pólu-ká**

Ejemplos:

1. Hoy es el 3 de agosto.
Sokaí kún Káshi-mekísa.

2. Hoy es lunes, 5 de mayo.
Sokaí kaí-jek, kóbre Káshi-kóbre.

3. Ayer era martes, 10 de junio.
Sokál kaí-ká, pólu Káshi-piruá.

4. Mañana será viernes, 23 de septiembre.
Watá kaí-kóbre, ká-pólu-kún Káshi-mekí.

LECCION 20

El tiempo y las estaciones - Akália óta Iwasamát

El tiempo / clima atmosférico - **Akália**

Las estaciones - **Iwasamát**

¿Cómo es el tiempo? - **Idá akália?**

¿Hoy, cómo es el tiempo? - **Sokaí, Idá akália?**

Hace calor. - **Yaraká ayúla.**

Hace buen tiempo. –
Yaraká taí-akália.

1. El calor - **ayúla**

2. El frio - **jemiaí**

3. Ventoso - **joktaí**

4. Buen tiempo - **taí-akália**

5. Nieve - **jemiaí-pará**

6. Neblina - **manúya**

7. Tormenta - **joktaí-pará**

8. Lluvia - **pará**

9. Lluvia fuerte - **baguáda**

10. Relámpago - **áya**

11. Nube - **sirúma**

12. Huracán - **Jurakán**

13. Sequia - **ayúlabo**

Las estaciones del año - Káshigüey'ât Iwasamát

1. Primavera - **íwa**

2. Verano - **walát**

3. Otoño - **wawaí**

4. Invierno - **samatakaí**

Ejemplos:
1. **Íwa alú, yaraká taí-akália.**
   (En primavera, hace buen tiempo)

2. **Walát alú, yaraká teketá ayúla.**
   (En verano, hace mucho calor)

LECCION 21

La familia – Apúxi

1. Los padres - **bababí / babí / babínagu**
2. El padre - **babá**
3. El hombre - **guakókio**
4. La madre - **bibí**
5. La mujer - **guaríxe**
6. Los hijos/niños (m/f)- **gualí**
7. El hijo - **gualíkio**
8. La hija - **gualíxe**
9. El hermano - **awála**
10. La hermana - **epáya**
11. El abuelo - **arokoél**
12. La abuela - **arokoélxe**
13. Tio - **áxi**
14. Tia - **alaúla**
15. El primo - **awalíkio**
16. La prima - **epálixe**
17. Señor (Sr.) – **guamí**
18. Señora (Sra.) – **siáni**
19. Bebé – **níguali**
20. Niño – **gualí**
21. Joven – **jimaí**
22. Adulto – **atáralu**
23. Anciano – **guatúk**

Ejemplos:
1. **Jaralú Buk'anúlia?** (¿Cuál es tu nombre?)

2. **Dak'anúlia Javier.**
   (Mi nombre es / Me llamo Javier)

3. **Jaralú Buk'gualíkio anúlia?**
   (¿Cómo se llama tu hijo?)

4.   **Dak'ât gualíkio anúlia José.**
(Mi hijo se llama José.)

5.   **Dak'ât gualíxenagu anúlia María óta Sara.**
(Mis hijas se llaman Maria y Sara.)

6.   **Dak'ât arokoélnagu anúlia José Miguel óta Tomás.**
(Mis abuelos se llaman José Miguel y Tomás.)

LECCION 22

Bebidas y comidas - Asáyare óta Íma

1.   Agua potable - **niása**
2.   Leche - **natiása**
3.   Jugo - **yarepó**
4.   Jugo de limón - **limón'yarepó**
5.   Jugo de mangó - **mangó'yarepó**
6.   Jugo de caña - **guarápo**
7.   Cerveza - **servésa**
8.   Vino - **bíno**
9.   Vino tinto - **bíno'íta**
10. Vino blanco - **bíno'yú**
11. Té - **té**
12. Café - **kafé**
13. Torta de maíz - **arépa**
14. Arroz - **arós**
15. Fruta – **lirén**
16. Vegetales - **tibisí**
17. Pan de yuca - **kasábe**
18. Pan - **pán**
19. Queso – **késo**

LECCION 23

Educación – Guarokójawa

1.   Estudiar - **rokójawa**
2.   Saber - **guároko**
3.   Educación - **guarokójawa**
4.   Estudiante - **rokótara**
5.   Maestro/profesor - **tekína**
6.   Estudios - **rokót**
7.   Ciencias - **guárokot**
8.   Escuela - **yararók**
9.   Colegio/universidad - **boyárarok**
10. Astronomía - **turey'guárokot**
11. Meteorología - **akália'guárokot**
12. Agronomía - **kunuku'guárokot**
13. Agricultura - **koaborínuku**
14. Medicina - **bojíke'guárokot**
15. Estudios marítimos - **baguakano'guárokot**
16. Estudios militares - **guasákayek'guárokot**
17. Estudios internacionales - **arijúnara'guárokot**

18. Estudios diplomáticos - **diplomátika'guárokot**

19. Estudios botánicos - **mabitíbisi'guárokot**

20. Estudios políticos - **politíkuwat'guárokot**

21. Estudios empresariales - **seraték'guárokot**

22. Biología - **éykatao'guárokot**

23. Matemáticas - **jekakún'guárokot**

24. Geografía - **guakáyara'guárokot**

25. Geología - **késiba'guárokot**

26. Ingeniería - **mekáni'guárokot**

27. Derecho - **aluwátanuk'guárokot**

LECCION 24

Política y Gobierno - Politíkuwat óta Aluwát

1. Gobernar/Administrar - **aluwátawa**

2. Gobierno / Estado político - **aluwát**

3. El pueblo/la gente - **ará**

4. La nación/el país/nacional - **arát**

5. Bandera - **bandéra**

6. Doméstico - **arákayek**

7. Internacional - **arijúnara**

8. Global/Mundial - **atabaríju**

9. Extranjero - **arijuá**

10. Invadir/invasión - **inrarí**

11. Invasor - **arí**

12. Imperio - **aluwatékeni**

13. Enemigo - **akáni**

14. Esclavo - **piúna**

15. Guerra - **guasábara**

16. Soldado - **guasáribo**

17. Militar - **guasákayek**

18. Armas - **makanát**

19. Armas de fuego – **guátumakanát**

20. El pueblo/poblado/civil - **yúkayek**

21. La ciudad - **boyúkayek**

22. El castillo/el fuerte - **sibatekanéyma**

23. Policía - **makayék**

24. Macana - **makána**

25. Seguridad - **makayékara**

26. La comunidad/sociedad - **yukayékara**

27. Municipio - **aluwayékara**

28. Libre - **táshi**

29. Libertad / Independencia – **barakutáshi**

30. Soberanía Nacional – **barakutéyarat**

31. Independentistas - **aratáshiri**

32. Gobierno / Estado Soberano – **Aluwát barakutéyarat**

33. ¡Viva Puerto Rico! – **Guay Borikén!**

34. Colonial - **jujúwa**

35. Colonia - **jujúpiunarat**

36. Gobierno Colonial – **Aluwát jujúwa**

37. Colonialistas - **jujúwari**

38. Anexión - **arijúneka**

39. Estadistas - **arijúneri**

40. Reunificación – **oyantukaját**

41. Autonomistas – **Agambarakút**

42. República - **aluwatéyarat**

43. Bandera nacional puertorriqueña **bandérarat Borikén**

44. La monoestrellada - **jek-turéyku**

45. Estrella - **turéyku**

46. Franja - **bandéypa**

47. Asociación - **alianaíarat**

48. Libre-Asociación – **táshi-alianaíarat**

49. Ciudadano - **naboriyékara**

50. Democracia - **demokrásia**

51. Elección - **anikasík**

52. Estado/provincia - **bíguaka**

53. Unión - **ukaját**

54. Las Naciones Unidas – **Arátnagu Ukaját**

55. Luchar - **sabárawa**

56. Resistir - **ixisábara**

57. Resistencia - **ixisárawa**

58. Revuelta - **atámawa**

59. Obedecer - **unówa**

60. Desobedecer - **matúnowa**

61. Orden - **anúkta**

62. Ley/Reglas - **aluwátanuk**

63. Desobediencia civil – **matúnowa'yukayék**

64. Resistencia civil – **ixisárawa'yukayék**

65. Legisladores/Jefes supremos – **guamíkena**

66. Lider militar y político – **guamíkeni**

67. Himno nacional – **aréytoarát**

68. La Borinqueña – **Borikén'ât Aréytoarát**

69. Patriotismo/patriótico – **roarát**

LECCION 25

Municipios de Puerto Rico – Borikén'ât Aluwayékaranagu

1. Ciudad capital - **kasík'yúkayek**

2. Municipio - **aluwayékara**

3. San Juan - **Sanwán**

4. Viejo San Juan – **Sanwán Guatukán**

5. Arecibo - **Arasíbo**

6. Ponce - **Pónse / Agüeybaná Boyúkayek**

7. Vieques - **Biéke**

8. Culebra - **Kulébra**

9. Mayagüez - **Mayagwéx**

10. Caguas - **Kaguax**

11. Quebradillas - **Kebradíyas**

12. Carolina - **Karolína**

13. Humacao - **Jumacáo**

14. Utuado - **Otoáo**

15. Mona - **Amoná**

16. Añasco – **Anyásko**

17. Bayamón – **Bayamón**

18. Guaynabo – **Guaynábo**

19. Trujillo Alto – **Trujiyoálto**

20. Loiza – **Loísa**

21. Canóvanas – **Canóbanas**

22. Río Grande – **Riogránde**

23. Luquillo – **Lukíyo**

24. Fajardo – **Fajárdo**

25. Ceiba – **Seíba**

26. Naguabo – **Naguábo**

27. Las Piedras – **Laspiédras**

28. Gurabo – **Gurábo**

29. Yabucoa – **Yabukóa**

30. Maunabo – **Maunábo**

31. San Lorenzo – **Sanlorénso**

32. Arroyo – **Aróyo**

33. Guayama – **Guayáma**

34. Cayey – **Kayey**

35. Cidra – **Sídra**

36. Aguas Buenas – **Aguasbuénas**

37. Cataño – **Katányo**

38. Toa Baja – **Toabája**

39. Toa Alta – **Toálta**

40. Naranjito – **Naranjíto**

41. Comerío – **Komerío**

42. Dorado – **Dorádo**

43. Vega Baja – **Vegabája**

44. Vega Alta – **Vegálta**

45. Corozal – **Korosál**

46. Barranquitas – **Barankítas**

47. Aibonito – **Aiboníto / Jatiboníku**

48. Salinas – **Salínas**

49. Coamo – **Koámo**

50. Santa Isabel – **Santaisabél**

51. Juana Díaz – **Juanadías**

52. Villalba – **Viyálba**

53. Orocovis – **Orokóbix**

54. Morovis – **Moróvix**

55. Manatí – **Manatí**

56. Ciales – **Siáles**

57. Barceloneta – **Barselonéta**

58. Florida – **Flórida**

59. Jayuya – **Jayúya**

60. Adjuntas – **Ajúntas**

61. Peñuelas – **Penyuélas**

62. Guayanilla – **Guayaníya**

63. Yauco – **Yáuko**

64. Lares – **Láres**

65. Camuy – **Kamúy**

66. Hatillo – **Atíyo**

67. Guánica – **Guánika**

68. Sábana Grande – **Sabanagránde**

69. Lajas – **Lájas**

70. San Germán – **Sanjermán**

71. Cabo Rojo – **Kaborójo**

72. Hormigueros – **Ormikéros**

73. Maricao – **Marikáo**

74. Las Marías – **Lasmarías**

75. San Sebastián – **Sansebastián**

76. Moca – **Móka**

77. Rincón – **Rinkón**

78. Aguada – **Aguáda**

79. Aguadilla – **Aguadíya**

80. Isabela – **Isabéla**

81. Patillas – **Patíyas**

LECCION 26

Países e Idiomas - Arátnagu óta Anaíkinagu

1. Puerto Rico - **Borikén / Borikénarat** (Espanyaíki óta Borikenaíki)

2. Diáspora puertorriqueña / Puerto Rico ultramar – **Borikenaríjuna** Boricua de la diáspora **– Boríjuna**

3. España - **Espányarat** (Espanyaíki)

4. Estados Unidos - **Estadunídarat** (Inglenaíki)

5. Francia - **Fránsiarat** (Fransinaíki)

6. Alemania - **Alémarat** (Alemanaíki)

7. Portugal – **Portugálarat** (Portuganaíki)

8. Brasil - **Brasílarat** (Portuganaíki)

9. México - **Mejíkarat** (Espanyaíki)

10. Rep. Dominicana – **Kiskéya** (Espanyaíki)

11. Cuba - **Kubanakán** (Espanyaíki)

12. Haití - **Aytí** (Aytinaíki)

13. Inglaterra – **Inglakéarat** (Inglenaíki)

14. Italia - **Itáliarat** (Italinaíki)

15. Egipto - **Ejíptarat** (Arabinaíki)

16. Rusia - **Rúsiarat** (Rusinaíki)

17. China - **Xínarat** (Xinanaíki)

18. Japón - **Japónarat** (Japonaíki)

19. Korea - **Koréarat** (Korenaíki)

20. Venezuela – **Benesuélarat** (Espanyaíki)

21. Colombia – **Kolómbiarat** (Espanyaíki)

22. Holanda – **Olándarat** (Olandinaíki)

LECCION 27

Geografía - Guakáyara'guárokot

1. Norte - **palápuna**

2. Sur - **uxípuna**

3. Este - **winá**

4. Oeste - **wápuna**

5. Centro/Central - **nakán**

6. Continente - **koaboké**

7. Isla/Islas – **oubáo, kaíku / kaikúnagu**

8. Isla grande - **kaíkubo**

9. Río – **abó / abón**

10. Río grande - **toabón**

11. Lugar de agua - **amaní**

12. Agua - **ni**

13. Bosque - **jíba**

14. Hombre del bosque - **jíbaro**

15. Fangal - **babinéy**

16. Laguna salada - **bibágua**

17. Laguna dulce - **nitábo**

18. Quebrada pequeña - **kalíxi**

19. Costa/playa - **koákeni**

20. Manantial - **nisimú**

21. Región - **guáka**

22. Lugar lejano - **guánara**

23. Lugar bién lejano - **jurutúngo**

24. Volcán - **oguatúkoa**

25. El mar - **bágua**

26. El oceano - **baguáma** (Baguáma Atlántika, Pasífika, Índika)

27. Montaña - **O**

28. Montaña alta - **oyaíti**

29. La Cordillera Central – **Oyaítinakán**

30. El Yunque - **Yunkéjibá**

31. Pantano - **itábo**

32. Tierra - **ké**

33. Terreno fertil - **maguá**

34. Terreno agrícola - **kunúku**

35. Terreno llano/sabana - **sabána**

36. Terreno pequeño/solar - **sáo**

37. Terreno delimitado/cuerda – **sáoma**

38. Terreno quebrado - **sibánko**

39. Desierto - **isáshi**

40. Huerto de árboles - **yabisínuku**

41. Arbol - **yabisí**

42. Arbol de frutas – **yabisílirén**

43. Cueva – **guákara**

LECCION 28

Religión – Iwároko

1. Dios - **Babaturéy / Babá**

2. Espíritu benéfico taíno - **Yukiyú**

3. Espíritu/Alma - **Goíz**

4. Espíritu maligno - **mabóya**

5. Espíritu maléfico taíno - **Jurakán**

6. Demonio - **yolúja**

7. El cielo - **babaturéygua**

8. El infierno - **guatúnabu**

9. Angel - **boyatáy**

10. Fé - **anúla**

11. Bautizo - **utísaja**

12. Compasión - **amúliaja**

13. Dios lo bendiga - **Babamuliajá**

14. Templo de adoración - **kú**

15. Iglesia - **krístoku**

16. Mezquita - **islámku**

17. Sinagoga - **judéaku**

18. Templo budista - **búdaku**

19. Templo hindú - **indúku**

20. Religión - **Iwároko**

21. Cristianismo - **kriṣtiwároko**

22. Catolicismo –
katóliko-kristiwároko

23. Protestantismo –
evanjéliko-kristiwároko

24. Ortodoxos –
órtodos-kristiwároko

25. El islam - **islamiwároko**

26. Sunismo - **suní-islamiwároko**

27. Chiitismo - **xía-islamiwároko**

28. Judaismo - **judeaiwároko**

29. Budismo - **búdaiwároko**

30. Hinduismo - **induiwároko**

Ejemplos:
1. **Jarálu Buk'ât iwároko?** (¿Cuál es tu religión?)

2. **Dak'ât iwároko katóliko.**
(Mi religión es católica/Soy católico).

LECCION 29

Animales – Jibamúrulu

1. Perro – **Aón / Áiko**

2. Gato – **Yamúy**

3. Cerdo – **Púluku**

4. Cabra – **Kaúla**

5. Gallina – **Kalína**

6. Gallo – **Kutólera**

7. Vaca – **Asaxíralu**

8. Escorpión – **Alakrán**

9. Araña – **Guabá**

10. Buitre – **Sámulu**

11. Caballo – **Amá**

12. Ciempiés – **Kasípa**

13. Conejo – **Atpaná**

14. Culebra – **Júbo**

15. Grillo – **Juy**

16. Gusano – **Jókoma**

17. Hormiga – **Bibijágua**

18. Iguana – **Iwána**

19. Insecto – **Wúxi**

20. Langosta – **Kashápa**

21. Mariposa – **Tanamá**

22. Oveja – **Aníru**

23. Pájaro – **Wuxitíbiri**

24. Murciélago – **Kuxetíbiri**

25. Pez – **Jimékabi**

26. Ratón – **Kukuxerú**

27. Anfibio – **Máko**

28. Coquí – **Kokí**

29. Tortuga –
Kaguáma / Jikotéa / Karéy

30. Tortuga terrestre – **Morókoyo**

31. Cangrejo marino – **Juéy**

32. Cangrejo de río – **Burukéna**

33. Cotorra Boricua – **Iguáka**

34. Guaraguao – **Guaraguáo**

35. Pitirre – **Guatíbiri**

36. Manatí – **Manatí**

37. Güimo – **Kóri**

38. Mero Amarillo – **Guajíl**

39. Barracuda – **Pikúa**

40. Tiburón – **Tiburón / Kajáya**

41. Loro/Cotorra – **Guakamáya**

42. Pez puercoespín – **Guanábano**

43. Pez volador – **Gavilán**

44. Zumbador/Colibrí – **Kolibrí**

45. Colibrí dorado – **Guakáraga**

46. Pavo – **Guánajo**

47. Águila marítimo – **Guínxo**

48. Pájaro carpintero – **Inrirí**

49. Pato – **Yaguása**

50. Caracoles – **Kóbo**

51. Caimán / Cocodrilo – **Kaimán**

52. Lagarto – **Jiguána**

53. Pulga – **Nígua**

54. Mosquito – **Jején / Míme**

55. Buho – **Múkaro**

56. Mascota – **Bojímuru**

57. Nido – **Épia**

58. Huevo – **Ashúku**

59. Insecto luminoso – **Kukubáno**

60. Caracol marino – **Kóbo**

LECCION 30

Plantas y Agricultura – Yamátibi óta Koaborínuku

1. Arbol – **Yabisí**

2. Fruta – **Lirén**
   a. Mangó – **Mangolirén**
   b. China – **Xinalirén**
   c. Guayaba – **Guayábalirén**

3. Vegetal / Legumbre – **Tibisí**

4. Papaya – **Abábaya**

5. Ají – **Ají** (la planta) / **Aguají**

6. Calabaza – **Auyáma**

7. Nuez – **Sibayó**

8. Cebolla – **Sibayoé**

9. Tabaco – **Kojibá**

10. Malanga – **Guágüi**

11. Ñame – **Jajagüeyú**

12. Sandía – **Jibíria**

13. Maíz – **Maisí**

14. Cactus – **Tuná**

15. Algodón – **Sarobéy**

16. Yautia – **Yajutía**

17. Piña – **Ananás**

18. Yuca – **Yúka**

19. Batata – **Yukabá**

20. Guayaba – **Guayába**

21. Ceiba (árbol) – **Seíba**

22. Papa – **Pápa**

23. Arroz – **Arós**

24. Habichuela / Frijol – **Pixú**

25. Arroz y Habichuelas – **Arosipixú**

26. Panapén – **Pána**

27. Café – **Kafé**

28. Cacao – **Kakáo**

29. Chocolate - **Xokolát**

30. Ajo – **Ajósiba**

31. Guineo/Banano – **Guineolirén**

32. Plátano – **Plátanolirén**

33. Bambú – **Bambúa**

34.	Caña de azucar –
	Asukátibi (asúka)

35.	Hoja – **Apánaya**

36.	Madera – **Yabáwunu**

37.	Leña – **Guatúwunu**

38.	Semilla – **Awáya**

39.	Raiz – **Makáguaro**

40.	Flor – **Ana**

41.	Pétalos – **Anapaná**

42.	Vástago – **Yabejúk**

43.	Planta – **Yamátibi**

44.	Agricultura – **Koaborínuku**

45.	Finca – **Kunúku**

46.	Huerto – **Kunúkubi**

47.	Finca agrícola / hacienda –
	Koakoték

48.	Sal – **Íxiyu**

49.	Arbusto – **Kayáya**

50.	Instrumento agrícola - **Koá**

LECCION 31

Transportes – Ijenákano

1.	Transportar – **Ijéna**

2.	Carro – **Karójena**

3.	Bicicleta – **Bisíjena**

4.	Motora – **Motorájena**

5.	Camión – **Kamiójena**

6.	Taxi – **Tasíjena**

7.	Tren – **Treníjena**

8.	Tren Urbano/Metro –
	Trenijenákayek

9.	Avión – **Katúnasu**

10.	Nave especial / cohete –
	Tureíjena

11.	Barco – **Kanóabo**

12.	Canoa – **Kanóa**

13.	Barco de carga – **Kanúwa**

14.	Autobús – **Guágua / Onibús**

15.	Puerto / Muelle – **Koábagua**

16.	Aeropuerto – **Koakatún**

17.	Calle – **Káyena**

18. Avenida – **Kayénabo**

19. Autopista – **Makayénabo**

LECCIÓN 32

El cuerpo humano – Irúku Ará

1. Cuerpo – **Irúku**

2. Ojo – **Áku**

3. Oreja – **Guáta**

4. Mamas/pechos – **Natí**

5. Abdomen – **Alé**

6. Barbilla – **Iyé**

7. Barriga – **Aléy**

8. Brazo – **Atúna**

9. Cabeza – **Ekímu**

10. Cara – **Opúna**

11. Cerebro – **Ekíxo**

12. Codo – **Asátala**

13. Corazón – **Matunaí**

14. Costilla – **Awátse**

15. Cuello – **Anúlu**

16. Dedo – **Ejépira**

17. Diente – **Ayrú**

18. Espalda – **Asapú**

19. Garganta – **Amúla**

20. Herida – **Aliú**

21. Hígado – **Apána**

22. Hueso – **Jipú**

23. Intestino – **Ayulaí**

24. Labio – **Émata**

25. Uña – **Apátu**

26. Tobillo – **Alúwa**

27. Rostro – **Upúna**

28. Rodilla – **Asapaí**

29. Riñon – **Áxu**

30. Lágrima – **Awíra**

31. Lengua – **Áyi**

32. Mandíbula – **Awalaí**

33. Mano – **Ajápu**

34. Mejilla – **Awálapa**

35. Músculo – **Apú**

36. Nalga – **Inalú**

37. Nariz – **Éxi**

38. Pestaña – **Úta**

39. Piel – **Atúta**

40. Pierna – **Asátu**

41. Pie – **Áwata**

42. Pulmón – **Osóso**

43. Sangre – **Moín**

La Borinqueña
Borikén'ât Aréytoarát

Español	Taino-Borikenaíki
¡Despierta, borinqueño que han dado la señal!	*Axíjira, boríkua, Najak'busiká-itpá ayawá!*
¡Despierta de ese sueño que es hora de luchar!	*Axíjira, toká jekísa sabárawa!*
A ese llamar patriótico ¿no arde tu corazón?	*Ináka roarát, mat'guatú Bik'ât matunaí?*
¡Ven! Nos será simpatico el ruido del cañón.	*Guaríko! Guak'toká-iná tayno canyon'ât guátu.*
Nosotros queremos la libertad, nuestros machetes nos la dará.	*Guak'axéka barakutáshi, Guak'ât maxétekoá Guak'busiká.*
Vámonos, borinqueños, vámonos ya, que nos espera ansiosa, ansiosa la libertad.	*Guak'ibá, boríkuanagu, Guak'ibá jolú. Barakutáshi Guak'úkaja.*
¡La libertad, la libertad!	*Barakutáshi, Barakutáshi!*
¡La libertad, la libertad!	*Barakutáshi, Barakutáshi!*

Glosario de Verbos Principales

A

Abandonar – uláwa
Aborrecer – alerája
Abrir – ajutalá
Acabar – ajáta
Accidentarse – iwáwa
Acechar – ajáya
Aceptar – apáwa
Acercar – arúkawa
Acomodar – anátawa
Acompañar – oyája
Aconsejar – axiáwa
Acordar – sótoa
Acostar – júleta
Acusar – akúja
Adivinar – ashánta
Afeitar – aúja
Afilar – asálaja
Aflojar – awála
Agarrar – ataúla
Agotar – ajalája
Ahogar – wínsira
Ahumar – akaíja
Alabar – awája
Alborotar – eíwa
Alcanzar – asáwaja
Aliviar – awalá
Alumbrar – ánaka
Alzar – ayálera
Amar – ro (Gustar mucho – aíwa)
Amarrar – jítawa
Andar – waraíta
Apagar – oyóko
Aparecer – ewíta
Aportar – eíta
Apoyar – unówa
Aprender – ekirájawa
Apretar – axéxera

Apuñalar – asotá
Arar – oúsa
Armar – a'aná
Arrancar – asúta
Arrastrar – ajaraíta
Arreglar – akumája
Asar – asíja
Asesinar – uwómu
Asomar – iyála
Asustar – inkúwa
Atacar – ashutá
Avergonzarse/tener vergüenza – japúli
Averiguar – analáwa
Avisar – apíra
Ayudar – akalíja

B

Bailar – araguaká / oyóna
Bajar – ashakatá
Bañar – újo
Beber – ása
Besar – axulá
Bostezar – ajuá
Botar – ajóta
Brincar – áwata
Bromear – erajá
Buscar – axájawa

C

Caer – ojúta
Calmar – jímata
Cambiar – iráta
Caminar – waraíta
Cantar – irája
Cargar – alúja
Cazar – olojó
Cerrar – asurulá
Chismear – boxínxe

Cobrar – axékaja
Cocinar – bukaneká/alakájawa
Coger – ápawa
Colgar – akaxéra
Comenzar – óta
Comer – éka
Compartir – matúm
Componer – akumája
Comprar – guásera
Confiar – atarálawa
Conocer – rokó
Construir – akúmaja
Contar – ayawá
Conversar – yúto
Correr – awátawa
Cortar – oyótowa
Crear – akumája
Creer – anúja
Criar – epíja
Criticar – ayója
Cuidar – inmája
Cumplir – ekerája

D
Dañar – amojú
Dar – busiká / apá
Decir – ma'a
Dejar – aputí
Denunciar – akújaxik
Derribar – ojútira
Descansar – emérawa
Desobedecer – matúnowa
Despertar – axíjira
Destruir – alalájera
Devolver – eitéra
Discutir – alujírawa
Doler – aíwa
Dormir – atúnka
Durar – kaliá

E
Echar (un líquido) – óyoto
Elaborar – áinja
Elegir – aniká
Empezar – ótapi
Empujar – axikú
Encontrar – anaín
Enfermar – ápuwa
Engañar – emíja
Entender – ayáwata
Enojar – asixíja
Enterrar – ojitá
Entrar – ekérola
Estar quieto – teytoká
Enviar – ajúta
Esconder – unjulá
Escribir – ashajá
Escoger – aníka
Escuchar – apajá
Esperar – úkaja
Espiar – ajayá
Establecer – eitawá
Estar/Ser – toká
Estornudar – ashója
Estudiar – rokójawa / ekirájawa
Existir – iwá
Exterminar – ajalajé

F
Fabricar – áinja
Faltar – xójawa
Festejar – guatéke (fiesta/reunión con música y baile)
Formar – atúka
Fluir – apalanajawá
Fumar – akaíja

G
Ganar – akanája
Gobernar/Administrar – aluwátana

Golpear – ajatá
Gritar – áwata (v) / Grito – ekísa (s)
Guardar – anajáwa
Guisar – kisáwa

H

Haber – iwá
Hablar – ajíya / ashajáwa
Hacer – inrá
Halar –ajaraíta
Herir – múyuwa
Hervir – opulojú
Huir – luwatá
Hundir – emerolú

I

Idioma – anaíki (idioma + naíki)
Imaginar – atúja
Imitar – asháta
Importar – jaitáxi
Incorporar – atamáwa
Instruir – eíka
Invadir – inrarí / aritáu
Ir – ibá
Intercambiar – iratásera

J

Jugar – emíja
Juntar – úkaja / ukaját (unir)

L / LL

Ladrar – utó
Lanzar – ájuta
Lastimar – iwáwa
Lavar – ashíjawa
Leer – ashájera
Levantar – ayálera
Liberar – ajútira
Limpiar – úli
Luchar – sabárawa

Llamar/clamor – ináka
Llegar – ánta
Llenar – akáluja
Llevar – onirá
Llorar – ayálaja
Llover – pará

M

Mamar – atujawá
Mandar – ajutá
Marcar – ejíru
Masticar – akunúla
Matar – bará
Medir – emiríja
Mendigar – ajulíja
Mentir - guatá
Meter – ekerójira
Mirar – eirakáwa
Mojar – xulá
Moldear – atúka
Moler – ayújama
Molestar – katéy
Montar – otó
Morder – ójota
Morir – uktá
Mostrar – iyáta
Mover – wáwata
Mudar – okolójowa

N

Nacer – jemeíwa
Nadar – Katúna
Negar – jíyi

O

Obedecer – unówa
Ordeñar – alíxaja
Odiar – urúlawa
Oir – apá
Oler – ataíju

Olvidar – mótu
Orinar – áshita

P
Pagar – awalája
Parecer – akáin
Parir – jeméyulu
Partir (de un lugar) – ashatawá
Pasar – alatá
Pasear – apasiájawa
Pastorear – arulíja
Patear – ashéta
Pedir – axúnta
Pegar – ayáta
Pelear – atkáwa
Pensar – róko / julúja
Perder – amúli
Permitir – úlawa
Perseguir – eipíra
Persuadir – eméra
Pesar – epesajá
Picar – ojóta
Pintar – axepúwa
Pisar – axukúta
Poder – áinka
Poner – eitawá
Practicar – uláka
Preguntar – asákira
Prender – axuwá
Preparar – yápa
Probar – olaká
Proponer – eitáwa
Provocar – ashixíja
Pudrir – itá

Q
Quebrar – asóta
Quedar – makatá
Quemar – asijá
Querer – axéka

Quitar – asúta

R
Resistir – ixisábara
Recoger – akoxája
Recordar – sotoá
Regalar – asúlaja
Regañar – ulúja
Regresar – aléja
Reir – asíraja
Resbalar – asiranájawa
Respetar – kojutá
Responder – asúkta
Retirar – ayulá
Reunir – utkájawa
Robar – aluwája
Romper – oxája
Rozar (limpiar terreno) – ósa

S
Saber – guároko
Sacar – ayúla
Sacudir – otojówa
Salir – ajútana
Saltar – awáta
Saludar – asáka
Sanar – ashátana
Secar – osójowa
Seguir – axírua
Ser/Estar – toká
Sembrar – apúnaja
Sentar – aikaláwa
Señalar – iyatá
Separar – apajiráwa
Soñar – alápuja
Soplar – awatáwa
Sorprender – ainkúwa
Subir – alikájawa
Subordinar – atují
Suceder – alatá

Sufrir – muliá
Sustentar – épija

T

Temblar – akutkujáwa
Temer – moluíma
Tener – agáma
Terminar – ekerája
Tocar – epetá / ayalájira (música)
Tomar – ápawa
Trabajar – boriá / ayatawá
Trabajar la tierra – Koaborinukú
Traer – antirá
Transportar – ijéna

V

Vencer – akánaja
Vender – oíka
Vengar – pasálawa
Venir – guaríko
Ver – erá
Vestir – anawá
Viajar – akuána
Violar – ataújama
Visitar – apasiajá
Vivir – katáo (estar vivo) / kepiá (residir)
Volar – awátawa
Volver – oyánta

Made in United States
Orlando, FL
17 September 2023

37035103R00026

Javier A. Hernández, un lingüista, hiperpolíglota, patriota y padre puertorriqueño, es el autor de este primario del renacimiento de la lengua taína-arauáka moderna como lengua hablada y escrita por la comunidad taína y el pueblo puertorriqueño. A lo largo de este proyecto, su lema sobre el idioma taíno fue "¡Boríkua ajíya Borikenaíki! (¡Boricua habla Borikenaíki!)."

El Primario Básico del Taíno-Borikenaíki: Hacia la restauración del idioma ancestral de Borikén, por Javier A. Hernández, es el primer libro escrito para aprender una versión moderna del taíno, el taíno-borikenaíki. El Sr. Hernández laboró por varios años para reconstruir y restaurar este bello idioma indígena caribeño para el disfrute de futuras generaciones. El Sr. Hernández explica como coordinó la reconstrucción del taíno y elabora ideas de como fomentar el uso del taíno-borikenaíki en la sociedad. El libro detalla y explica la nueva gramática proveyendo ejemplos de oraciones y varias listas de vocabulario para el lector.

The Primario Básico del Taíno-Borikenaíki: Hacia la restauración del idioma ancestral de Borikén, by Javier A. Hernández, is the first book written for learning a modern version of the Taino language, Taino-Borikenaíki. Mr. Hernández worked for many years in the reconstruction and restoration of this beautiful indigenous Caribbean language for the enjoyment of future generations. Mr. Hernández explains how he coordinated the reconstruction of the Taino language and explores ideas on how to promote and use Taino-Borikenaíki in society. The book details and explains the new grammar providing examples of sentences and various vocabulary lists for readers to use.

ISBN 9781980327202

9000

9 781980 327202